Anna Dederer

Frohe Weihnachten

Grußkarten im Trend

CREATIV COMPACT

CHRISTOPHORUS

Inhalt

Materialangaben und Anleitung für das Titelbild *siehe Seite 24.*

Liebe Weihnachtsgrüße

Zu den schönsten Festen im Laufe des Jahres gehört Weihnachten. Zu diesem besonderen Anlass werden gerne liebe Grüße und gute Wünsche für das neue Jahr an Verwandte und Freunde verschickt. Eine persönlich gestaltete Karte zeigt dem Empfänger: Ich denke an dich und nehme mir Zeit für dich.

Aus hochwertigen Papieren, weihnachtlichen Accessoires und schönen Stempeln können Sie mühelos und schnell ansprechende Grußkarten gestalten. In diesem Buch finden Sie originelle Anregungen für jeden Geschmack: Edle Karten in Pastelltönen, festlich in Gold und Silber oder eher in klassischen Farben. Lassen Sie sich von den Karten inspirieren und dazu anregen, sie in Farbe, Motiv und Größe zu variieren.

Ich wünsche Ihnen viel Freude beim Gestalten der Karten und ein wunderschönes, besinnliches Weihnachtsfest.

Anna Dederer

Material & Technik

Material

Alle Materialien sind im Bastel- oder Schreibwarenhandel erhältlich. Die meisten der abgebildeten Karten sind fertige Doppelkarten in den Größen DIN B6 (12 x 17 cm) und DIN lang (10,5 mal 21 cm). Zum Beschriften der Karten sehen gestempelte Schriftzüge, die mit Embossingpulver eingebrannt werden, besonders schön aus. Hierfür benötigen Sie Stempel, Stempelkissen sowie Embossingpulver in verschiedenen Farben. Die in diesem Buch verwendeten Stempel sind „Butterer"-Stempel, die über Knorr/Prandell zu beziehen sind.

Hilfsmittel & Klebstoffe

Für fast alle Arbeiten brauchen Sie einen Bleistift, ein Lineal, eine spitze Papierschere, Motivscheren, Cutter und eine Schneideunterlage. Zum Kleben von Tonkarton und Pergamentpapier eignen sich Klebstoffe mit Lösungsmitteln am besten, da sie das Papier nicht wellen. Transparentpapier mit einem Kleberoller fixieren. Zum Befestigen von Deko-Materialien wie Draht oder Perlen ist Heißkleber zu empfehlen.

Perlen rutschfest auffädeln

Eine Perle auf den Draht fädeln. An der gewünschten Stelle den Draht jeweils zweimal durch die Perlenöffnung führen, dann kann die Perle an dieser Stelle nicht mehr verrutschen.

Anfertigung von Schablonen

Das gewünschte Motiv vom Vorlagebogen mit Transparentpapier abpausen, ausschneiden und auf festen Karton kleben. Das Motiv nochmals ausschneiden. Die Schablone auf das gewünschte Material legen und mit einem Bleistift umfahren. Wenn ein Motiv aus einer Karte ausgeschnitten werden soll, die Schablone auf die Karte legen und mit einem Cutter entlang der Konturen ausschneiden.

Herstellung der Grundkarte

Aus dem gewünschten Papier in der angegebenen Größe ein Rechteck zuschneiden. Mit Lineal und Falzbein das zugeschnittene Papier in der Mitte falzen und knicken, sodass eine saubere Faltkante entsteht.

Schriftzüge mit Embossingpulver einbrennen

1 Den Stempel mit dem transparenten Stempelkissen gleichmäßig befeuchten und auf die Karte oder auf das zugeschnittene Papier drücken.

2 Den Stempelaufdruck großzügig mit Embossingpulver bestreuen.

3 Überschüssiges Pulver wieder in die Dose zurückschütten, dabei die Papierunterlage leicht falten. Sie können auch zum Auffangen des Pulvers ein größeres Blatt unter die Karte legen, das Pulver auf das Papier klopfen und dann zurück in die Dose schütten.

4 Die einpulverisierte Fläche über einem Toaster zum Schmelzen bringen. So entsteht eine reliefartige Oberfläche. Es ist auch möglich, das Pulver mit einem im Fachhandel erhältlichen Heat-Tool (Heißluftgerät) einzubrennen.

Schneemann

Material

Schneemann

- Fotokarton in Weiß, Blau, Silber
- Glanzkarton in Silber
- Deko-Band in Silber, 4 mm breit
- Filz in Weiß
- Glitter-Pen in Silber
- Glitter in Weiß
- Glitterspray in Silber
- Stempel „Fröhliche Weihnachten“
- Stempelkissen in Blau
- Embossingpulver, transparent
- Motivlocher „Schneeflocke“, klein, groß

Blau-Silber

- Fotokarton, geprägt, „Primavera“ in Blau
- Transparentpapier in Weiß, gestreift
- Alukarton in Silber
- Drahtband in Silber
- Streuteile „Schneeflocken“ in Silber, 2,5 cm Ø
- Zierkordel in Weiß
- 3D-Klebekissen
- Stempel „Frohe Weihnachten und ein gutes neues Jahr“
- Stempelkissen, transparent
- Embossingpulver in Silber
- Ecklocher „Schneeflocke“

Vorlagen A1, A2

Schneemann

Die Karte in Silber nach der Vorlage A1 ausschneiden, mit dem Schriftzug versehen (Anleitung Seite 5) und falten. Den Rand mit Klebstoff bestreichen und Glitter aufstreuen. Aus weißem Fotokarton ein Rechteck, 12 x 16,5 cm, und aus blauem Fotokarton, 11 x 15,5 cm, ausschneiden und aufeinander kleben. Aus weißem Filz Schneeflocken ausstanzen und auf die blaue Karte kleben. Den Schneemann nach der Vorlage A2 aus Filz ausschneiden, mit Glitterspray besprühen und auf der Karte fixieren. Den Hut aus Glanzkarton ausschneiden, mit dem Glitter-Pen verzieren und auf dem Schneemann anbringen. Silberband ergänzen.

Blau-Silber

Geprägten Fotokarton, 14 x 28 cm, und Transparentpapier, 15,5 x 28,3 cm, jeweils zu einer Karte falten und mit der Motivschere zuschneiden. In der Mitte der blauen Karte ein Rechteck, 5,5 x 10,5 cm, mit dem Cutter ausschneiden. Transparentpapierkarte in die blaue Karte schieben, das Drahtband über das Rechteck kleben und in die Ecken lochen. Das ausgeschnittene Rechteck mit der Motivschere etwas kleiner schneiden, mit dem Schriftzug versehen (Anleitung Seite 5), mit Alukarton hinterkleben und mit Klebekissen auf der Karte fixieren. Zierkordel und Streuschneeflocken ergänzen.

Fröhliche Weihnachten
Frohe Weihnachten
und ein gutes neues Jahr

Festliche Eleganz

Material

Für beide Karten

- Stempel „Frohe Weihnachten und ein gutes neues Jahr“
- Stempelkissen, transparent
- Perlmuttpapier in Creme, Bordeauxrot, DIN A4
- 3D-Klebekissen

Obere Karte

- Perlmutt-Karte in Creme, B6
- Embossingpulver in Rot
- Wachsperlen in Weiß irisierend, Silber, 4 mm Ø
- Strasssteine, flach, selbstklebend
- Silberdraht
- Motivlocher „Stern“, „Doppelstreifen“

Untere Karte

- Perlmuttpapier-Karte in Creme, 10,5 x 21 cm
- Zierband in Silber
- Effektdraht in Silber
- Stoffsternenband in Silber
- Glasperlen, transparent, 6 mm Ø
- Embossingpulver in Silber

Vorlage B

Obere Karte

Aus dem bordeauxroten Perlmuttpapier ein Rechteck, 11,5 x 16,5 cm, ausschneiden. Links oben einen Doppelstreifen und unten links und rechts zwei Doppelstreifen ausstanzen. Die Strasssteine mit dem Bügeleisen aufbügeln. Die linke obere Ecke nach unten klappen. Das Rechteck auf die Karte kleben. Schriftzug anbringen (Anleitung Seite 5). Aus Perlmuttpapier in Creme Sterne ausstanzen und in die Laschen links und rechts schieben, den mittleren Stern mit Klebekissen befestigen. Perlendraht (Anleitung Seite 4) ergänzen.

Untere Karte

Nach der Vorlage B aus der Vorderseite der Karte vier Quadrate schneiden. Auf der Rückseite der Vorlage entsprechend Laschen einschneiden. Die Sterne auf das Band und die Perlen auf den Draht fädeln (Anleitung Seite 4) und durch die Quadrate ziehen. Aus Perlmuttpapier zwei Rechtecke zuschneiden, stempeln und mit Embossingpulver einbrennen (Anleitung Seite 5). Mit Klebekissen auf der Karte fixieren. Den Einleger aus Perlmuttpapier in Bordeauxrot um 2 mm kleiner als die Karte zuschneiden und mit den Laschen in der Karte befestigen.

Frohe Weihnachten
und ein gutes neues Jahr
Frohe Weihnachten
und ein gutes neues Jahr

O Tannenbaum

Material

Weiße Karte

- Karte in Grün, 10,5 x 21 cm
- Wellpappe in Weiß, fein, 10,5 x 21 cm
- Papier in Weiß mit Silberpunkten, A4
- Alukarton in Silber
- Filz mit Glitter in Dunkelgrün
- Glitter-Pen in Silber
- Rocailles in Grün, 2,2 mm Ø
- Stoffsterne in Silber, 2,5 mm Ø
- Kordel in Silber
- Effektdraht in Silber
- Klebeschrift „Frohe Weihnachten" in Silber

Grüne Karte

- Karte in Grün, B6
- Transparentpapier in Weiß, gestreift
- Stoffsterne in Silber, 7 mm, 1,5 cm
- Zierkordel in Silber
- Stempel „Frohe Weihnachten und ein gutes neues Jahr"
- Stempelkissen, transparent
- Embossingpulver in Grün
- Motivlocher „Stern"
- Motivschere

Vorlage C

Weiße Karte

Wellpappe zur Karte falten. Aus dem weißen Papier mit Silberpunkten eine 4 cm breitere Karte schneiden. Den Rand um die Wellpappkarte nach oben falten. Den Tannenbaum nach der Vorlage C aus grünem Filz und Alukarton anfertigen und auf der Karte fixieren. Mit Glitter-Pen verzieren. Stoffsterne und Klebeschrift ergänzen. Grüne Karte in die weiße Karte legen und mit Kordel und Perlendraht (Anleitung Seite 4) zusammenbinden.

Grüne Karte

Die Vorderseite der grünen Karte der Abbildung entsprechend falten und vier Sterne ausstanzen. Aus Transparentpapier eine Karte in der gleichen Größe anfertigen und mit dem Schriftzug versehen (Anleitung Seite 5). Den Rand mit der Motivschere wellig zuschneiden und in die grüne Karte kleben. Beide Karten mit einer Zierkordel zusammenbinden. Die Sterne der Abbildung entsprechend ergänzen.

Frohe Weihnachten
und ein gutes neues Jahr
Frohe Weihnachten

Material

Helle Karte

- Karte in Blau, B6
- Designpapier in Hellblau, irisierend
- Fotokarton in Weiß
- Alukarton in Silber
- Glitter in Blau
- Filz in Weiß
- Spiegelsterne, 1,5 cm und 2,5 cm Ø
- Wachsperlen:
  - in Dunkelblau, matt, 4 mm Ø
  - in Weiß, irisierend, 6 mm Ø
- Silberdraht, 0,3 mm Ø
- 3D-Klebekissen
- Stempel „Frohe Weihnachten und ein gutes neues Jahr"
- Stempelkissen in Blau
- Embossingpulver, transparent, mit Glitter
- Motivlocher „Stern" (riesig), „Doppelstreifen"

Blaue Karte

- Karte in Weiß, B6
- Transparentpapier in Blau
- Strohseide in Weiß
- Stempel „Frohe Weihnachten und ein gutes neues Jahr"
- Stempelkissen, transparent
- Embossingpulver in Weiß
- Streuteile „Schneeflocken" in Silber, 2,5 cm Ø
- Zierband in Silber, 5 mm breit

Frohe Weihnachten

Helle Karte

Aus dem Designpapier eine Karte in der Größe B6 ausschneiden (Anleitung Seite 4), den Rand um 3 mm kürzen und auf die blaue Karte kleben. Weißen Fotokarton mit dem Schriftzug versehen (Anleitung Seite 5), mit Alukarton hinterkleben und auf der Karte platzieren. Auf Fotokarton doppelseitige Klebefolie aufbringen, einen Kreis, 6 cm Durchmesser, ausschneiden, Schutzfolie abziehen und mit blauem Glitter bestreuen. Aus Filz einen weißen Stern ausstanzen. Sterne auf den Kreis kleben, mit Draht und Perlen der Abbildung entsprechend verzieren. Den Kreis mit Klebekissen auf der Karte fixieren. Aus der Vorderseite der Karte rechts unten Doppelstreifen stanzen.

Blaue Karte

Aus Transparentpapier eine Karte in der Größe B6 anfertigen, dann den Rand mit der Motivschere zuschneiden. In zwei Ecken je eine Lasche von 4,5 cm mit dem Cutter einschneiden. Transparentpapier, 7,5 x 8,5 cm, mit der Motivschere zuschneiden, mit dem Schriftzug versehen (Anleitung Seite 5), mit Strohseide hinterkleben und in die Laschen stecken. Schneeflocken aufkleben. Silbernes Zierband am Rand der Karte befestigen.

Frohe Weihnachten
und ein gutes neues Jahr
Frohe Weihnachten
und ein gutes
neues Jahr

Filzsterne

Material

Schmale Karte

- Fotokarton in Weiß
- Transparentpapier in Bordeauxrot
- Effektdraht in Silber
- Perlen in Kristallklar, 6 mm Ø
- Stoffsterne in Silber, 0,7 und 1,8 cm Ø
- Zierband in Silber, 0,4 cm breit
- Randlocher „kleine Quadrate"
- Stempel „Frohe Weihnachten und ein gutes neues Jahr"
- Stempelkissen, transparent
- Embossingpulver in Bordeauxrot

Filzsterne

- Karte in Bordeauxrot, B6
- Naturpapier in Weiß
- Glitter in Silber
- Glitterspray
- Stoffstreustern in Silber, 1,5 cm Ø
- Sticker „Sterne" in Silber, 2 mm Ø
- Filz oder Filzsterne in Rot
- Stempel „Alle Jahre wieder"
- Stempelkissen, transparent
- Embossingpulver in Silber

Vorlage D

Schmale Karte

Weißen Fotokarton, 20 x 21 cm, zuschneiden. Fotokarton nach 7 cm vom Rand und dann wieder nach 8 cm mit einem Lineal der Abbildung entsprechend falzen. Nach dem Falzen den Rand lochen und das Zierband durchziehen. Aus Tonkarton zwei Rechtecke zuschneiden, mit dem Schriftzug versehen (Anleitung Seite 5) und schräg auf der Karte fixieren. Einleger aus Transparentpapier um 2 cm kürzer als die weiße Karte zuschneiden und in die weiße Karte schieben. Perlen und Sterne auf dem Draht befestigen, die Karte oben und unten 1 mm einschneiden und den Draht um die Karte wickeln, dabei in die Schlitze stecken.

Filzsterne

Naturpapier, 10,5 x 15,5 cm, mit dem Schriftzug versehen (Anleitung Seite 5), den Rand etwa 3 mm breit mit Klebstoff bestreichen und Glitter darüber streuen. Das Naturpapier auf die Karte kleben. Filzsterne nach der Vorlage D zuschneiden, mit Glitterspray besprühen und fixieren. Mit Streusternen die Karte verzieren.

Alle Jahre wieder
Frohe Weihnachten
und ein gutes neues Jahr

Schneeflocken

Material

Obere Karte

- Perlmuttpapier-Karte in Blau, 10,5 x 21 cm
- Transparentpapier in Weiß, gestreift
- Glitter in Silber
- Sternchen mit Loch in Silber, 1 cm Ø
- Bouillondraht in Silber
- Doppelseitiges Klebeband
- Motivlocher „Schneeflocke"
- Motivschere

Untere Karte

- Perlmuttpapier in Blau, A4
- Weißes Papier mit Silberpunkten, A4
- Wachsperlen, matt, in Weiß, Blau, 4 mm Ø
- Effektdraht in Silber
- Zierband in Silber
- Stempelkissen, transparent
- Embossingpulver in Silber
- Motivschere

Obere Karte

Die Schneeflocken aus der Karte stanzen, den Rand 4 cm breit falzen und nach oben knicken. Die Schneeflocken mit einem Streifen Transparentpapier hinterkleben, die Sternchen auf den Draht fädeln und um den gefalteten Rand wickeln. Den Einleger aus Transparentpapier, etwa 14,5 cm breit, nach 7 cm vom Rand falzen und falten, die untere, breitere Seite mit der Motivschere beschneiden. Auf die obere, schmalere Seite ein doppelseitiges Klebeband, etwa 1 cm breit, auftragen, Folie abziehen und mit Glitter bestreuen.

Untere Karte

Das Perlmuttpapier ins Querformat legen, links und rechts je einen Streifen von 3 cm mit der Motivschere abschneiden. Beidseitig einen Rand von 5,5 cm nach innen falten. Aus dem Papier mit Silberpunkten ein Einlegeblatt in der Größe 20,5 x 24 cm herstellen, mittig auf 12 cm falten und mit der unteren Seite in die Perlmuttpapierkarte kleben. Die rechte Seite der Karte mit dem Schriftzug versehen (Anleitung Seite 5). Mit Zierband und Perlendraht (Anleitung Seite 4) die Karte verzieren.

Frohes Fest
Frohes Fest
Frohes Fest
Frohes Fest

Kleine Engel

Material

Rechte Karte

- Perlmuttpapier in Creme, A4
- Tonkarton in Bordeauxrot, A4
- Zierkordel in Gold
- Glitter in Gold
- Stempel „Euch allen ein Frohes Fest“
- Stempelkissen, transparent
- Embossingpulver in Bordeauxrot
- Motivlocher „Engel“

Linke Karte

- Tonkarton in Bordeauxrot
- Perlmuttpapier in Creme, A4
- Tonpapier in Gold
- Metallstreusterne in Gold, 0,5 – 1,5 cm
- Golddraht
- 3D-Klebekissen
- Motivlocher „Engel“, „Sternecken“

Rechte Karte

Aus dem Perlmuttpapier eine Karte in der Größe 7 x 21 cm anfertigen und mit dem Schriftzug versehen (Anleitung Seite 5). Den Einleger aus Tonkarton 3,5 cm breiter als die Perlmuttpapierkarte zuschneiden, in die helle Karte einlegen und nach links umknicken. Den Rand mit Klebstoff bestreichen und Glitter aufstreuen, die Engel ausstanzen. Beide Karten mit einer Zierkordel zusammenbinden.

Linke Karte

Die Karte und den Einleger, wie oben beschrieben, anfertigen. Sternecken aus dem Kartenrand stanzen. Draht um die Sterne wickeln und an der Karte befestigen. Die Engel aus Goldpapier stanzen und mit Klebekissen aufeinander kleben. Die Engel auf dem Draht befestigen.

Euch allen ein
Frohes
Fest

Schöne Sterne

Material

Schneeflocke

- Karte in Weiß, B6
- Fotokarton in Hellblau
- Sizoflor in Weiß, Hellblau
- Kordel in Blau
- Stoffstreusterne in Silber, 1,5 cm Ø
- Kleberoller, transparent
- Klebeschrift „Frohe Weihnachten“ in Silber
- Motivlocher „Schneeflocke“

Schweifstern

- Fotokarton, geprägt, „Primavera“ in Weiß
- Fotokarton in Hellblau
- Transparentpapier mit Wolken in Hellblau
- Stoffstreustern in Silber, 3,5 cm Ø
- Zierband in Silber
- Klebeschrift „Frohe Weihnachten“ in Silber
- Sticker „Sternchen“ in Silber

Vorlagen E1, E2

Schneeflocke

Mit dem Cutter aus der Karte ein Dreieck, 9 x 13 x 9 cm, ausschneiden. Die Karte von außen mit weißem und von innen mit hellblauem Sizoflor bekleben, dafür einen Kleberoller verwenden. Aus hellblauem Fotokarton eine Schneeflocke nach der Vorlage E1 ausschneiden und auf der Karte fixieren. Mit Sternen und einer ausgestanzten, weißen Schneeflocke verzieren. Klebeschrift „Frohe Weihnachten“ anbringen.

Schweifstern

Aus dem geprägten Fotokarton eine Karte, 14 x 14 cm, anfertigen. Aus dem Transparentpapier eine Karte in der Größe 14,5 x 15 cm anfertigen und mit der Motivschere zuschneiden. Mit einem Cutter und einem Lineal eine Lasche für den Stern der Abbildung entsprechend in die weiße Karte schneiden. Außerdem links oben und rechts unten Zierecken, etwa 0,5 cm breit, mit dem Cutter ausschneiden. Aus blauem Fotokarton einen Schweifstern (Vorlage E2) ausschneiden und in die Lasche schieben. Stoffstern aufkleben. Die Transparentpapier-Karte in die weiße Karte stecken, mit dem Zierband zusammenbinden. Schriftzug und Sticker-Sternchen ergänzen.

Frohe Weihnachten
Frohe Weihnachten

Weihnachtsrot

Material

Obere Karte

- Fotokarton in Weiß
- Transparentpapier in Rot
- Wachsperlen:
  - in Weiß/Gold, 4 mm Ø
  - in Gold, matt, 6 mm Ø
- Silberdraht
- Zierkordel in Gold
- Stempel „Frohe Weihnachten und ein gutes neues Jahr“
- Stempelkissen, transparent
- Embossingpulver in Rot
- Motivlocher „Nikolaus“, „Doppelstreifen“

Untere Karte

- Karte in Rot, B6
- Papier in Weiß mit Silberpunkten, A4
- Fotokarton in Rot
- Alukarton in Silber
- Glitter in Weiß, irisierend
- Stoffsterne und Streukristalle in Silber
- Effektdraht in Silber
- Stempel „Alle Jahre wieder“
- Stempelkissen, transparent
- Embossingpulver in Weiß
- Organzaband in Rot
- 3D-Klebekissen
- Doppelseitiges Klebeband

Vorlage F

Obere Karte

Aus Fotokarton, 14 x 28 cm, eine Karte anfertigen (Anleitung Seite 4). Den Rand der Vorderseite 5,5 cm nach links falten. Die Karte mit dem Schriftzug versehen (Anleitung Seite 5) und zwei Doppelstreifen ausstanzen. Transparentpapier, 13,5 x 27 cm, zur Karte falten und in die weiße Karte legen. Nikoläuse aus der roten Transparentpapierkarte stanzen. Ausgestanzte Nikoläuse mit Silberdraht umwickeln und Perlen auf den Draht fädeln (Anleitung Seite 4). Drahtgirlande in den Laschen (Doppelstreifen) befestigen. Die Karte und den Einleger mit einer Kordel zusammenbinden.

Untere Karte

Das weiße Papier mit Silberpunkten mit der Motivschere etwa 5 mm größer als die rote Karte zuschneiden. Den Stern aus der roten Karte nach der Vorlage F ausschneiden und mit dem Einlegeblatt hinterkleben. Den Rand der roten Karte mit doppelseitigem Klebeband fixieren, Folie abziehen und mit Glitter bestreuen. Aus dem roten Fotokarton einen Streifen entsprechend der Stempelgröße ausschneiden und mit dem Schriftzug versehen (Anleitung Seite 5). Mit Alukarton hinterkleben und mit Klebekissen auf der Karte befestigen. Organzaband mit Draht abbinden, Draht um die Kristalle wickeln und mit doppelseitigem Klebeband auf der Karte befestigen. Mit kleinen Stoffsternen verzieren.

Frohe Weihnachten
und ein gutes neues Jahr
Alle Jahre wieder

Sternenhimmel

Material

Blauer Stern
- Naturpapier in Weiß, geprägt
- Fotokarton in Blau mit silbernen Sternen
- Transparentpapier in Blau
- Alukarton in Silber
- Silberkordel
- 3D-Klebekissen
- Klebeschrift „Frohe Weihnachten" in Silber

Roter Stern

Abbildung siehe Titelbild
- Transparentpapier in Rot
- Naturpapier in Creme
- Tonkarton in Rot
- Alukarton in Gold
- Fotokarton in Rot mit goldenen Sternen
- Golddraht
- Goldperlen, 3 mm und 6 mm Ø
- 3D-Klebekissen
- Sticker „Sterne" in Gold, 3 mm Ø
- Stempel „Fröhliche Weihnachten"
- Stempelkissen, transparent
- Embossingpulver in Rot

Vorlage G

Blauer Stern

Aus dem Naturpapier eine Karte in der Größe B6 anfertigen (Anleitung Seite 4). Aus dem Transparentpapier eine um 3 mm größere Karte anfertigen. Die beiden Karten mit der Kordel zusammenbinden. Aus dem Sternchenkarton ein Rechteck, 7 x 17 cm, schneiden und auf die Karte kleben. Den blauen und den silbernen Stern nach der Vorlage G zuschneiden, aufeinander kleben und mit Klebekissen auf der Karte befestigen. Klebeschrift „Frohe Weihnachten" auf dem Stern anbringen.

Roter Stern

Abbildung siehe Titelbild

Aus Transparentpapier, 18 x 25 cm, und Naturpapier, 17,4 x 24,7 cm, jeweils eine Karte falten. Roten Tonkarton, 7 x 15,5 cm, mit dem Schriftzug versehen (Anleitung Seite 5), mit Alukarton hinterkleben und auf der hellen Karte platzieren. Perlendraht anfertigen (Anleitung Seite 4). Nach der Vorlage G Sterne ausschneiden und aufeinander kleben und mit Klebekissen auf der Karte anbringen, dabei Perlendraht zwischenfassen und mit kleinen Sticker-Sternchen auf der Karte fixieren. Weitere Sticker-Sternchen aufkleben.

Frohe Weihnachten

Zum Fest

Material

Blauer Stern

- Karte in Blau, B6
- Tonkarton in Blau
- Transparentpapier mit Silbersternen
- Zierkordel mit Perlen
- Stempel „Euch allen ein Frohes Fest“
- Stempelkissen, transparent
- Embossingpulver in Glittersilber

Rot & Gold

- Maulbeerbaumpapier in Rot
- Fotokarton in Weiß, Gold
- Glitter in Gold
- Verschiedene Streusterne in Gold
- Stempel „Frohe Weihnachten und ein gutes neues Jahr“
- Stempelkissen, transparent
- Embossingpulver in Gold
- Doppelseitiges Klebeband
- Motivlocher „Nikolaus“, klein

Vorlage H

Blauer Stern

Aus dem Transparentpapier eine Karte schneiden, die 5 mm kleiner ist als die B6-Karte. Die blaue Karte in die Transparentpapierkarte stecken und festkleben. Den Stern nach der Vorlage H mit dem Cutter aus beiden Karten ausschneiden. Blauen Tonkarton, 11,5 x 16 cm, mit dem Schriftzug versehen (Anleitung Seite 5) und mit Klebekissen den Stern damit hinterkleben. Mit Zierkordel die Karten verzieren.

Rot & Gold

Naturpapier, 18 x 25 cm, zuschneiden. Das Papier quer legen. Von der rechten Seite 5,5 cm nach innen falten, von der linken Seite 9 cm nach vorne falten. Die beiden Ränder mit doppelseitigem Klebeband bekleben, Folie abziehen und mit Glitter bestreuen. Einleger aus weißem Fotokarton, 11 x 17 cm, ausschneiden, unten vier Nikoläuse ausstanzen. Weißen Fotokarton mit Schriftzug versehen (Anleitung Seite 5), ausschneiden, mit Goldpapier hinterkleben und der Abbildung entsprechend auf der Karte befestigen. Mit verschiedenen Streusternen verzieren.

Frohes Fest
Frohe Weihnachten und ein gutes neues Jahr

Pastelltöne

Karte in Flieder

Sizoflor mit einem transparenten Kleberoller auf der Karte fixieren. Den Stern mit einem Cutter nach der Vorlage J ausschneiden, umdrehen, mit dem Schriftzug versehen (Anleitung Seite 5) und versetzt auf die Karte kleben. Eine Einlegekarte aus Silberpapier um 0,5 cm größer als die Karte anfertigen und mit der Motivschere zuschneiden. In die fliederfarbene Karte legen und mit Silberband zusammenbinden. Schneeflocken aus weißem Karton ausstanzen und aufkleben. Mit Streuteilen verzieren.

Karte in Lila

Moonrockpapier, 16 x 23 cm, und Transparentpapier, 17 x 24 cm, mit der Motivschere ausschneiden und zur Karte falten. Transparentpapier, 5 x 8 cm, mit der Motivschere zuschneiden, mit Maulbeerbaumpapier hinterkleben und nach der Anleitung auf Seite 5 mit dem Schriftzug versehen. Drahtband mit dem bestempelten Rechteck auf die Karte kleben, dazwischen etwas Hanf schieben und mit Streusternen verzieren. Die Perlen auf Silberdraht fädeln (Anleitung Seite 4) und auf dem Drahtband befestigen.

Material

Karte in Flieder

- Karte in Flieder, B6
- Tonkarton in Weiß
- Silberpapier, A4
- Streuteile „Schneeflocke", „Stern" in Silber
- Silberband
- Sizoflor in Weiß
- Stempel „Frohe Weihnachten und ein gutes neues Jahr"
- Embossingpulver in Silber
- Stempelkissen, transparent
- Kleberoller, transparent
- Motivschere
- Motivlocher „Schneeflocke"

Karte in Lila

- Moonrockpapier in Lila
- Maulbeerbaumpapier in Lila
- Transparentpapier in Weiß
- Drahtband, ca. 6 cm breit
- Silberkordel
- Stoffstreusterne in Silber, 1,5 cm Ø
- Wachsperlen in Lila, Silber, 6 mm Ø
- Silberdraht
- Hanf in Flieder
- Stempel „Fröhliche Weihnachten"
- Embossingpulver, transparent
- Stempelkissen in Silber

Vorlage J

Fröhliche Weihnachten
Frohe Weihnachten
und ein gutes neues Jahr

Silberglanz

Material

Obere Karte

- Fotokarton in Dunkelblau
- Transparentpapier in Weiß
- Stoffstreuteile „Schneeflocken" in Silber, 2,5 cm Ø
- Glitter in Silber
- Zierband in Silber
- Doppelseitige Klebefolie
- 3 Klebeschriften „Frohe Weihnachten"
- Klebesternchen in Silber
- Motivschere

Untere Karte

- Karte in Weiß, B6
- Tonkarton in Blau
- Sizoflor in Silber
- Wachsperlen in Blau, 6 mm Ø
- Silberdraht
- Zierkordel in Weiß/Silber
- Kleberoller, transparent
- 3D-Klebekissen
- Stempel „Fröhliche Weihnachten"
- Stempelkissen, transparent
- Embossingpulver in Silber mit Glitter
- Randlocher

Vorlage K

Obere Karte

Für die Herstellung des Sterns ein Stück blauen Fotokarton mit doppelseitiger Folie bekleben, Stern nach der Vorlage K ausschneiden, Schutzfolie abziehen und mit Glitter bestreuen. Blauen Fotokarton, 17 x 21 cm, quer legen. Den linken Rand 6,5 cm, den rechten Rand 3 cm nach innen falten. Transparentpapier, 17 x 19 cm, mit der Motivschere zuschneiden, wie die blaue Karte falten und auf diese kleben. Streuteile, Zierband und Klebeschriften der Abbildung entsprechend befestigen. Den Stern versetzt aufkleben.

Untere Karte

Fotokarton, 8 x 16 cm, mit Sizoflor bekleben (Kleberoller) und am Rand lochen. Perlen rutschfest auffädeln (Anleitung Seite 4) und der Abbildung entsprechend auf dem Karton befestigen, dabei den Draht durch die ausgestanzten Quadrate führen. Karton auf der Karte fixieren. Blauen Fotokarton, 8 x 8 cm, mit dem Schriftzug versehen (Anleitung Seite 5), lochen und mit Klebekissen auf der Karte befestigen. Eine Einlage aus blauem Tonkarton anfertigen, Zierband ergänzen.

Frohe Weihnachten
Fröhliche Weihnachten

Impressum

ISBN 3-419-56531-3

Lektorat:
Gisa Windhüfel, Freiburg

Styling und Fotos:
Georg Schweiger,
Hohberg-Hofweier
Titelbild & Arbeitsfotos:
Christoph Schmotz, Freiburg

Layoutentwurf:
Network!, München

Gesamtproduktion:
art und weise, Merzhausen

Druck:
Freiburger Graphische Betriebe

Wir sind für Sie da, wenn Sie Fragen haben.
Und wir interessieren uns für Ihre eigenen Ideen und Anregungen.
Schreiben Sie uns, wir hören gern von Ihnen!
Ihr Christophorus-Team

Christophorus-Verlag GmbH
Hermann-Herder-Str. 4
79104 Freiburg
Tel.: 0761/2717-0
Fax: 0761/2717-352
e-mail:
info@christophorus-verlag.de
www.christophorus-verlag.de

Weitere Titel aus dieser Reihe

3-419-56280-2

3-419-56411-2

3-419-56412-0

3-419-56407-4

3-419-56415-5

3-419-56417-1